I0150215

ÉLOGE.

LA Nature, si sage & si juste envers tous les Hommes, qu'elle ne leur laisse gueres le droit d'envier justement leurs semblables, produit cependant quelquefois des Hommes d'un talent & d'un génie si extraordinaire, que leur existence est la marque visible d'une prédilection particuliere. Tel fut l'Artiste célèbre que la France a perdu; tel fut M. Rameau.

La mort met seule le sceau à la gloire des grands Hommes. Tant qu'ils vivent confondus parmi nous, par une infinité de relations nécessaires, ils semblent être en tout nos égaux. Tels que ces grands

A ij

Fleuves qui traversent nos Villes, nos
Campagnes, & coulent éternellement
pour nos besoins & pour nos plaisirs,
on en jouit sans presque y faire atten-
tion. Qu'un prodige soudain tarît ces
Fleuves dans leur source, & desséchât
leur lit ; attroupés sur le rivage, dans
l'étonnement & dans la douleur, on re-
demanderoit au Ciel le secours de leurs
Eaux bienfaisantes, en se rappellant tous
les biens qu'ils procuroient. De même
l'importance & la supériorité des grands
Hommes sont senties au moment où on
les perd, & lorsque le vuide de leur ab-
sence ne peut plus se remplir.

Mais, si dans les regrets qui suivent
un tel événement, un jeune Homme,
sensible à la gloire de sa Nation, tou-
ché personnellement de la perte qu'elle
a faite, osoit se rendre l'interprête de
la douleur & de l'admiration publique ;
sans doute ses concitoyens touchés, con-
sidéreroient moins ses talens que son

zèle, & l'encourageroient dans sa noble entreprise. Cette supposition cesse d'en être une. M. Rameau me fut connu, & je l'aimai ; je pratique son art, & respecte ses talens : je brûle du desir de contribuer en quelque chose à sa gloire : ce sentiment l'emporte sur celui de ma foiblesse ; je me persuade (sur l'illusion des desirs) que pour louer un Homme habile, il peut suffire de l'enthousiasme du cœur, & que le mien, se peignant dans cet Ecrit, y tiendra lieu d'Art & d'Eloquence.

Des Ecrivains très fameux se sont distingués dans le genre des Eloges, & l'ont porté à sa perfection. J'aurois tout à craindre si j'avois à marcher sur leurs traces. Mais c'est un Musicien que je loue, le seul peut-être en Europe pour qui on ait fait un Eloge, ce qui en est un déjà. Ses Ouvrages ne sont susceptibles, ni de discussion ni d'analyse ! Qu'ai-je donc à faire pour célébrer M.

Rameau ? A renouveller , si je puis ,
parmi mes concitoyens, le souvenir des
sensations qu'ils ont éprouvées à la repré-
sentation de ses Ouvrages ; à placer ma
Nation toute entiere à ce théâtre d'en-
chantement, où la Muse des Vers Lyriques ayant conduit Rameau , lui mon-
tra les Cieux , la Terre & les Enfers ,
& lui dit : « Voilà ton domaine : j'en
» égale l'étendue à celle de ton génie... »
Transportons - nous à l'Opéra : pei-
gnons-nous Pollux environné de Furies,
dont la voix, par une marche syllabique,
frappe l'oreille à coups égaux & redoublés. Le trouble saisit les Spectateurs ;
il gagne, il s'insinue, il se communique,
il s'étend, il s'augmente : un bruit sourd
se répand parmi les Spectateurs ; il naît
de leur plaisir , & il le gêne ; on veut
écouter, on ne peut se taire ; l'impression
redouble , l'émotion croît ; elle est entiere , universelle ... En ce moment,
que ma voix se fasse entendre & pronon-

ee le nom de Rameau ; fon Eloge eft achevé.

Mon impatience m'a trahi , elle a interverti l'ordre naturel de ce difcours; j'ai loué notre Artifte avant même d'avoir indiqué le tems de fa naiffan-ce ; on excufera ce défordre en faveur du fentiment qui l'a fait naître.

Jean Philippe Rameau naquît à Dijon le 25 Septembre 1683 , de *Jean Rameau*, Bourgeois de cette Ville, & de *Claudine Martincourt*. Toute la premiere moitié de fa vie eft abfolument inconnue. Il n'en a rapporté aucune particularité à fes amis, ni même à Madame Rameau fa femme. Ce qu'on fçait , c'eft qu'étant jeune il fut à Milan , qu'il y refta peu , & qu'il fe repentoit de n'avoir pas féjourné plus long-tems en Italie , où, difoit-il, il fe fût perfectionné le goût.

Avant de fe fixer à Paris , il y avoit fait un premier voyage : c'étoit , pour ainfi dire , le premier coup d'œil d'un grand Capitaine qui venoit reconnoître le champ de bataille , où bientôt il devoit combattre & triompher. Ce moment du triomphe arriva enfin , & M. Rameau, parti de Clermont en Auvergne , où l'Orgue d'une Cathédrale exerçoit obscurément ses talens , vint se montrer dans Paris en réformateur de son Art, & en créateur d'une Musique nouvelle. Avant de parler de cette époque , nous devons esquisser un tableau de ce qui l'a précédée.

Lully , inventeur de notre Opéra, tenoit encore le premier rang sur la Scêne Lyrique. C'est le sort de ceux qui inventent , de conserver long-tems un droit de supériorité sur ceux qui les suivent. Les défauts que l'*infirmité* de leur Siècle a mis nécessairement dans leurs Ouvrages , sont effacés par le respect qu'une antique tradition leur attire ; & la lumiere des Siècles éclairés ne dissipe qu'à peine ce préjugé favorable , qui diffimule des fautes anciennes, ou déifie de vieilles erreurs. Ceci ne doit point être regardé comme une infinuation maligne contre Lully. Je refpecte fa gloire ; le panégyrifte d'un grand Homme ne doit point être le détracteur d'un autre ; loin de rabaiffer les prédéceffeurs de M. Rameau, je voudrois les relever, s'il étoit poffible, certain qu'un fuffrage unanime mettra au-deffus d'eux l'Artifte que je célèbre.

Campra, *Mouret* & *Deftouches*, tenoient le fecond rang. Campra, plus eftimé des Muficiens, parce qu'il connoiffoit mieux l'*Art* ; Deftouches, facile & gracieux, mais moins cependant que Mouret, qu'on a nommé juftement le Muficien des graces. J'ajouterai au nom de ces Artiftes, celui d'un quatrième, fupérieur aux trois autres peut-être, mais qui n'a point travaillé pour le théâtre : *Clerambaut* (c'eft celui dont je veux parler) a tiré du récitatif françois,

tout le parti qu'on peut en tirer. Il y a
jetté du pathétique, & l'a rendu facile à
déclamer, autant qu'il peut l'être. Ses
Chants font prefque tous aimables. La
feule Ritournelle de *Dieu des Mers*, dans
la Cantate de *Léandre & Hero*, annonce
une tête capable d'idées nobles & fimples,
& à qui il n'a manqué, pour fçavoir les
étendre & les développer, que d'être
venue dans un tems où la Mufique fût
perfectionnée. Telle étoit la France Mu-
ficienne, quand le Réformateur parut.
En 1733, il donna Hippolite & Aricie,
Ouvrage où tout parut & dut paroître
étonnant, jufqu'à l'âge même de celui
qui le donnoit. Il avoit alors 50 ans
accomplis, & n'avoit rien fait qu'un
Livre de Pièces de Clavecin, comme fi
la nature qui fe montroit tardive en lui,
eut eû befoin d'un tems plus long, &
d'un effort plus grand pour former un fi
grand génie. C'eft certainement une fin-
gularité à mettre en ligne de compte

avec toutes celles dont M. Rameau fut un exemple, que son talent, purement d'imagination & d'enthousiasme, ait attendu, pour paroître, l'âge où tous les talens commencent à pressentir leur déclin.

Comment peindrons-nous l'impression que produisit dans le Public Hippolite & Aricie ? Qu'on se fasse un tableau de ces Républiques tumultueuses, où les Citoyens enflammés du zèle de leurs prérogatives, les soutenoient avec fureur contre tout usurpateur prêt à y attenter ; on aura une idée juste du soulévement de la Nation contre l'Artiste qui lui apportoit des lumieres nouvelles & de nouveaux plaisirs. Qu'on ne s'étonne point de cette comparaison, & qu'on ne la juge point outrée : dans le calme d'une Monarchie florissante & tranquille, dans cette vie d'oisiveté & de délices que le luxe entretient au milieu des Cités opulentes, les petits intérêts font sur

l'esprit des Citoyens désœuvrés , ce que
les grands intérêts produisent sur des
Républicains actifs ; & le fantôme d'une
opinion nouvelle remplaçant les grands
noms de *liberté* & de *Patrie*, excite &
souleve la multitude , qui souvent en-
cense ou déchire ce qu'elle n'entend pas.
Celle au jugement de qui M. Rameau se
trouvoit soumis , rejetta avec fureur ce
qu'il osoit lui faire entendre. « Lully
» étoit certainement admirable , l'in-
» novateur ne lui ressembloit pas, donc
» il étoit digne de mépris ». Cette Lo-
gique familiere à la multitude , & d'après
laquelle elle juge presque toujours , sem-
bloit autoriser ses dégoûts , & les fonder
en raison ; c'en étoit plus qu'il ne falloit
pour les laisser éclater librement. Parmi
ces fanatiques ardens , déchaînés contre
le goût qui s'introduisoit , quelques esprits plus mûrs & plus sages , n'étoient
qu'étonnés , & ne prononçoient pas : ils
écoutoient la Langue nouvelle que M.

Rameau leur parloit, & tâchoient de
se l'expliquer entr'eux ... Quel moment
pour un Artiste, que celui où se mon-
trant à ses contemporains, à ses com-
patriotes, il est étranger au milieu d'eux,
comme s'il fût né à mille Siècles de-là,
& dans un climat différent. Moment
flateur pour l'Artiste, lorsqu'il en jouit
après la révolution qu'il amene, mais
critique, tandis que cette révolution
s'opère. L'Opéra d'Hippolite est décrié,
ses représentations sont abandonnées &
désertes; M. Rameau soutient ce revers
sans en être abattu. « Je me suis trompé,
» dit il ; j'ai cru que mon goût réusi-
» roit ; je n'en ai point d'autre ... je
» n'en ferai plus ». Ainsi parloit ce grand
Homme : mais tandis qu'il prononçoit
stoïquement & aveuglément sa condam-
nation, ses Ouvrages plaidoient contre
lui, & soutenoient sa cause ; leur effet
lent & tardif commençoit à se faire sen-
tir, nos sens s'ouvroient aux accens du

génie, nos cœurs en goûtoient l'expreſ-
ſion & en reſſentoient la chaleur ; déja
Rameau triomphe ſur ce même Théâtre
où il fut méconnu & outragé ; on l'y cher-
che, on l'y montre, on l'y applaudit ;
& dans ce moment la France, jettant ſur
lui un regard de complaiſance, reconnoît
en lui l'eſpérance certaine de ſa gloire &
de ſes plaiſirs.

Le progrès des Arts qu'on a peint lent
& inſenſible, comme la marche de l'ai-
guille ſur le cadran (a), ſe fait plutôt par
bonds & par ſecouſſes, lorſqu'il eſt déterminé par un génie extraordinaire. De
Lully à Rameau, on auroit peine à dire
ce que la Muſique avoit acquis ; l'Art
étoit, pour ainſi dire, en inertie ; l'inſtant
qui l'en retira lui fit franchir un intervalle
immenſe ; cette révolution fut prompte,
l'Opéra d'*Hippolite* l'avoit commencée,
celui des *Indes Galantes* la continüa, &

_____

(a) Cette comparaiſon eſt dans la Préface du Code de
Muſique de M. Rameau.

l'acheva, pour ainfi dire, toute entiere.

Arrêtons-nous un peu fur cet Ouvrage de M. Rameau, il n'en eft point où il fe foit montré plus fécond ni plus varié. Combien d'airs d'une expreffion & d'un caractère différent. Je me les rappelle en foule, & ma plume ne fçait lefquels défigner. Tout l'acte des Incas eft marqué de ces touches mâles & vigoureufes auxquelles le grand Rameau fe fait connoître. L'articulation forte & néceffaire aux airs de danfe, s'adoucit, fe tempere, & favorife la voix dans cet air, *Clair flambeau du monde* : lorfque les Mages s'inclinent avec adoration devant le Soleil, le chant & l'harmonie fe déployent avec une gravité majeftueufe ; béniffent-ils cet aftre de ce qu'il épure leurs climats & y répand les plus douces influences, leurs chants peignent l'enthoufiafme & le font naître. Ce cri de *Brillant Soleil* faifit & enlève lorfqu'il eft repris & répété tour à tour par les différentes parties du Chœur, tandis

que les autres continuent le *sujet* fous ces
paroles : *Jamais nos yeux dans ta carrie-*
re , &c. Voilà des traits d'*art* & de *fac-*
ture qui portent leur effet avec eux : &
que des perfonnes peu muficiennes ne
cherchent point dans ce Chœur à trouver
un rapport entre la defcente diatonique
du chant , & la *chûte des frimats.* Ce n'eft
là qu'une circonftance accidentelle de ce
morceau de Mufique , & qui , comme
peinture , y feroit inutile , étrangere même. Le Muficien ne doit point peindre
les frimats lorfqu'on bénit le Soleil de ce
qu'il les diffipe ; s'il y avoit dans ce cas
quelque chofe à peindre , ce feroit plutôt
la férénité que les frimats. De plus, un ordre diatonique de notes qui defcendent,
ne peint pas plus la chûte des frimats ,
que la chûte de toute autre chofe. Mais
une mélodie noble , fimple , parcourant
fans gêne les modulations dépendantes
du ton , & qui , comme autant de bran-
ches parties du même tronc , s'épanouif-
fent

sent autour de lui & le couronnent, voilà
ce qui parle aux sens & à l'ame, voilà ce
qui doit être senti principalement dans
ce Chœur, *Brillant Soleil*. Que s'il y faut
chercher quelqu'un de ces rapports que
l'on nomme *peintures*, il suffit de celui-
ci : ce Chœur inspire un sentiment d'élé-
vation, une sorte d'enthousiasme qui
convient à ceux qui adorent le Soleil ; la
Musique n'a dû rien peindre de plus.

Après les grands effets dont nous ve-
nons de parler, M. Rameau laisse repo-
ser le pinceau de *Raphaël* pour badiner
avec celui de l'*Albane*. Le divertissement
des Fleurs est en effet comme un assem-
blage de fleurs différentes, dont le par-
fum & les couleurs se varient par des
nuances insensibles. Le caractère domi-
nant est toujours conservé ; mais il est dif-
férencié à chaque instant ; c'est toujours
l'empire de Flore ; mais il est vû sous plusieurs aspects. Ces fleurs s'animent & res-
pirent ; la rose préside au milieu d'elles ;

& les efface toutes. L'Amour, fans qui
rien n'eft beau, lui prête un coloris plus
vif, & des charmes plus touchans,
c'eft lui qui parle dans cet air fi ten-
dre : ce font - là fes accens flatteurs
& fes inflexions touchantes, elles le
peignent, ou plutôt le font naître. Zé-
phire arrive, la mélodie devient légere,
elle a pris fes aîles & vole comme lui ;
ainfi divers mouvemens fe fuccèdent, &
mille tableaux n'en forment qu'un......
La Mufique de ce divertiffement feroit
feule la réputation d'un grand Artifte. (a)

Au milieu des tranfports que j'éprouve
en parlant de M. Rameau, deux réflexions me faififfent tout-à-coup & m'ar-
rêtent. L'une, que c'eft prefque une af-
faire de mémoire, de louer ce grand Muficien ; je ne puis que citer, & je ne fçau-

(a) Je ne doute pas que quelques perfonnes ne croyent
voir une contradiction manifefte entre ce que je viens de
dire, & ce que je dirai plus bas ; je les prie de vouloir bien
fufpendre leur jugement jufqu'à ce que j'aye expliqué mon
opinion plus longuement que cet Ouvrage ne me permet-
tra de le faire.

rois citer tout ce qu'il a fait de beau. L'autre, que les détracteurs de la Musique
Françoise souriront peut-être avec mépris aux éloges donnés à l'Orphée de la
France. Mais parmi ceux que l'on com-
prend sous cette dénomination, je compte
pour rien ces faux enthousiastes qui ne sen-
tent & n'entendent ni ce qu'ils blâment,
ni ce qu'ils approuvent. Qu'ils soient aban-
donnés à leur ignorance & à leur mau-
vaise foi. Je parle aux vrais connoisseurs
de tous les tems, de tous les pays; c'est à
l'Europe musicienne, & à la Postérité ins-
truite que je m'adresse; j'oserai la sommer
de ratifier les louanges que je donnerai au
Musicien de la France : c'est faire connoître combien j'y veux être vrai.

Rameau, comme Symphoniste d'Opéra, n'eut jamais de modele ni de rival ;
& nous ne craignons pas d'affirmer hau-
tement, qu'après toutes les révolutions
que l'art pourra subir, lorsqu'il sera porté
à sa plus haute perfection par quelque
peuple que ce soit, alors même ce sera

B ij

beaucoup faire que d'égaler notre Ar=
tiste dans cette partie, & de mériter d'ê=
tre placé à côté de lui.

Est-il nécessaire de rappeller qu'en Italie on danse sur les airs de M. Rameau ?
Mais, nous dit-on, c'est qu'on dédaigne
d'y en faire. Que veut dire cela ? A qui
peut-en imposer une telle réponse ? Si les
Italiens dédaignent de faire de la Musique
pour la danse, ce ne peut être que parce
qu'ils croyent ce genre vicieux : il en ré-
sulteroit que ces deux Arts ne doivent poin=
être unis, & par conséquent que l'un des
deux doit être anéanti, puisqu'il ne peut
subsister sans l'autre. L'absurdité des con-
séquences qui découlent de ce principe ,
prouve suffisamment que l'Italie ne sçauroit l'avoir admis. Que si la Danse, fille &
sœur de la Musique, lui est intimement
unie, si le plaisir que celle-ci procure, se
manifeste involontairement par des ba-
lancemens de corps & de tête, par des
mouvemens déterminés des pieds & des
mains, (ce qui est proprement l'esquisse

légère de la danse convenable à chaque morceau) pourquoi les Italiens ont-ils négligé ce genre ? Nous nous garderons de dire que c'est par incapacité : ce ne seroit là qu'une présomption ; & elle auroit le double défaut d'être téméraire & injuste. Qu'il nous suffise d'observer que l'Italie , en attendant qu'elle s'applique au genre des symphonies dansantes, l'a distingué & couronné dans M. Rameau, lorsqu'elle a mis sur ses Théâtres les compositions de ce grand Musicien.

Maintenant, pour percer plus loin & discuter plus à fonds le mérite de notre Artiste, j'attesterai tous ceux de la France & de l'Italie, je les prierai de me rendre compte des procédés de leur Art & des moyens, étrangers quelquefois & illusoires, par lesquels il réussit.

L'union des paroles avec la Musique fournit au Musicien un premier germe d'idées, des moyens heureux, des ressources puissantes, & elle lui ménage des il-

lufions favorables. J'en appelle aux Artiftes de toutes les Nations. Qu'ils nous
difent combien de fois leur génie muſical
fût refté vuide d'idées, ſi les paroles n'euf-
fent fait naître le *motif* du chant ? Que
de petits rapports, d'allufions douteufes
entre les mots & les notes, les ont dif-
penfés de continuer une mélodie ſimple,
& *une* dans ſon chant, ce qui eût été
d'une difficulté bien plus grande ! Enfin,
s'ils veulent en convenir, combien de
fois l'illufion, produite par la ſituation
théâtrale, ou par les paroles, a ſoutenu
leurs chants (négligés peut être) & en a
rendu le fuccès étonnant pour eux - mêmes. Aucune de ces reſſources étrangeres
n'exifte pour le Muſicïen Symphonifte.
Nul fujet n'infpire & n'amène fes idées,
on ne fçait d'où il les tire ; de rien il fait
quelque chofe, c'eft une création proprement dite. Le *motif* trouvé, il fubit la né-
ceffité abfolue de le continuer, fans alté-
fer ni fon caractère ni fes mouvemens. Il

a énoncé une grande pensée, c'est un engagement pris avec ceux qui l'écoutent : il faut que cette idée premiere devienne le *générateur* de plusieurs autres qui lui appartiennent sans lui ressembler, & qui l'embellissent sans l'effacer. En un mot, lorsqu'on écoute de la Musique purement symphonie, l'esprit n'est prévenu d'aucune idée, & le cœur d'aucun sentiment ; le trouble doit naître entiérement de la force des sons ; dans le vocal il naît de mille causes, & la Musique souvent ne fait que le prolonger & l'augmenter.

Qui oseroit prononcer sur le mérite essentiel d'une Musique qu'il entendroit auprès de sa maîtresse ? Eh qui ne voit que dans ce cas la moitié du charme, ou le charme tout entier, est dans les yeux de ce qu'on aime ?

Concluons : le Musicien Symphoniste n'étant étayé d'aucun secours, ni favorisé par aucune illusion, met plus du sien que le Musicien vocal ; l'empreinte du génie est plus forte dans ses ouvrages, lorfqu'on y trouve d'ailleurs une foule d'idées neuves, caractérisées, & qui portent leur impression avec elles. Cette conclusion, dictée par la vérité, semble l'être par le desir de louer M. Rameau, tant elle ajoute à sa gloire.

Que l'on nous dise d'où il tiroit le sujet de ses airs de Violon si multipliés & si variés. Chacun de ses divertissemens renferme vingt *motifs* différens, c'est-à-dire, vingt pensées musicales, toutes heureuses & heureusement développées, & il n'en est pas une peut-être empruntée ni imitée d'aucune autre. Cet éloge est si fort, qu'à l'instant où l'intime conviction me force de l'écrire, je crains qu'il ne paroisse une flatterie à ceux qui ne prendront pas la peine de le vérifier. Parcourez toutes les ouvertures de M. Rameau; l'y trouverezvous semblable à qui que ce soit? De l'une à l'autre il ne se ressemble pas lui-même. Dans *Pigmalion* c'est un grand effet de

bruit; dans les *Talens*, c'en est un de caractère ; dans *Castor* , c'en est un de chant ;
s'il en falloit préférer une , c'est celle
des *Talens* que nous nommerions , parce
que la pensée y est plus forte , quoique
l'effet en soit moins sensible à tout le
monde.

Maintenant, que ceux qui ont repro-
ché à M. Rameau de ne point mettre d'u-
nité entre son chant & son harmonie ,
appliquent leur censure à ces grands morceaux de Musique, elle y restera sans effet. La Basse bien sonante, sa marche dé-
terminée, ses reprises, ses repos, ses silen-
ces & ceux des parties secondaires , tout
favorise le *sujet*, & porte en masse à l'o-
reille l'impression & le plaisir qu'elle en
doit recevoir.

M. Rameau, dans quelques - unes de
ses ouvertures, a voulu peindre ; ce ne
sont pas celles où il a le mieux réussi ;
cette observation est importante , parce
qu'elle en amene d'autres utiles à l'art.

Rien de si dangereux, j'ose l'avancer,

que ce projet formé de peindre, fur-tout
en fymphonie. Cette intention ne fert
qu'à gêner l'imagination du Muficien, à
la fixer fur quelques petites reffemblances
douteufes auxquelles il facrifie tout, & à
le diftraire des recherches de la belle mélodie, qui feule conftitue la véritable Mufique, tient lieu de toutes les peintures,
ou, fi l'on veut, en eft toujours une. Ce
fentiment paradoxal pour bien des gens,
auroit befoin d'être difcuté longuement:
c'eft ce que j'efpere faire un jour. Ici j'en
indiquerai feulement la probabilité, &
pour ne point m'écarter de mon fujet, je
ne le ferai que par des exemples tirés de
M. Rameau.

L'ouverture de *Naïs* peint, dit-on,
l'attaque des Titans. En ce cas on doit
y entendre les cris féditieux de ces enfans
de la Terre; y voir les rochers déracinés
par leurs mains, s'amonceler comme les
nuages dans la tempête. Que l'on me
faffe entrevoir ces tableaux, non pas tra-
cés, mais indiqués dans un feul paffage

de l'ouverture citée, & je paſſe condam-
nation. Cette ouverture, ſelon moi, eſt
une mélodie forte, hardie, & dont le
caractère tranchant & particulier eſt ren-
forcé par quelques pratiques d'harmonie
extraordinaires. Les perſonnes, trop peu
exercées pour ſaiſir cette mélodie, diſent
qu'elle eſt baroque ; celles qui peuvent la
ſentir, la trouvent neuve & fortement
penſée, ils en ſont émus : & ces intona-
tions âpres & ſauvages, ces paſſages bruſ-
qués, cette harmonie hériſſée, ſi j'oſe
parler ainſi, leur ſemblent une analogie
plus que ſuffiſante avec le combat des Titans qui occupe leurs regards. Cette analogie eſt la ſeule peinture que la Muſique
dût nous offrir, je ne penſe pas que le
Muſicien en ait eu d'autre en vue ; en vou-
lant peindre davantage, il eût moins chan-
té peut-être, dès lors il eût moins peint ;
car peindre en muſique, c'eſt chanter, &
ſans mélodie point de muſique.

Que diroit-on d'un Peintre qui, avec

le fecours de fes pinceaux, prétendroit rendre, exprimer l'harmonie d'un beau Concert? Eh pourquoi jugeons-nous dif-féremment d'un Muficien qui avec des fons veut peindre ce qui ne tombe que fous le fens de la vue ? Qu'on y prenne garde, dès qu'il conçoit un projet fem-blable, fans s'en appercevoir, il travaille pour les yeux plus que pour l'oreille ; s'il peint l'onde agitée, l'alignement des no-tes décrit la ligne courbe des vagues; s'il peint un feu d'artifice comme dans *Acante & Céphife*, on voit les notes s'élever com-me autant de fufées. N'eft-il pas infenfé d'appliquer à un fens ce qui convient à un autre, & n'eft-ce pas dénaturer l'art des fons que de le foumettre aux yeux ? Que réfulte-t-il de cette violence qu'on lui fait éprouver ? Des chants contraints que la nature n'a point infpirés, & qui n'arrivent point jufqu'à l'ame. L'ouverture d'*Acante* a beau rendre parfaitement le cri de *vive le Roi*, & la fucceffion des fufées, on y

regrette une mélodie vraie qui inspirât la
joie convenable à une fête, puisque c'est
une fête qu'on vouloit peindre.

Avant de terminer cette digreffion, je
rapporterai un fait qui y revient, & qui
tient aux ouvrages de M. Rameau : il y a
quelques années, j'entendois avec plufieurs perfonnes Muficiennes, un Concert
nocturne ; la falle du Concert étoit ou-
verte de tous côtés, nous étions dehors,
& il faifoit un orage épouvantable. On
exécuta l'ouverture de Pigmalion, & au
fortiffime de la reprife il furvint un éclair
terrible, accompagné d'éclats de tonner-
re ; nous fûmes tous frappés au même
inftant du rapport merveilleux qui fe trouvoit entre la tempête & la Mufique ; af-
furément ce rapport n'a pas été cherché
par le Muficien, il ne l'y a pas même
foupçonné. Ce qu'il a conçu comme une
fymphonie brillante, devint pour nous un
tableau par le hafard des circonftances ;
on fait dire prefque tout ce que l'on veut

à la Musique *qui chante* ; celle qui manque de cet avantage, imitât-elle d'ailleurs, pèche dans son essence ; c'est toujours l'image très-imparfaite d'un objet contrefait & grimaçant sous un pinceau grossier.

Nous voici parvenus à la partie de l'éloge de M. Rameau où nous devons avouer ses imperfections en même tems que nous louerons ses grands talens ; ce devoir ne nous effraye point, nous le remplirons avec la franchise que nous avons annoncée.

On réduiroit à peu de mots les éloges & les reproches dûs à M. Rameau pour sa Musique vocale. Il a porté le genre établi de son tems aussi loin que le génie pouvoit l'étendre ; voilà ce que nous lui devons : il n'a fait que perfectionner ce genre au lieu de l'anéantir pour y en substituer un meilleur ; voilà ce qu'il nous laisse à regretter. Mais créateur de la Symphonie, pouvoit-il tout embrasser, & don-

ner à tout une exiſtence nouvelle ? L'in-
habileté des chanteurs de ſon tems lui per-
mettoit elle cette innovation dangereuſe ?
Que dis-je ? Notre obſtination, nos an-
tiques préjugés lui euſſent-ils permis de
l'eſſayer ? Il a fait cent prodiges, il en
pouvoit faire un de plus, mais nous nous
oppoſions à ce qu'il l'opérât ; pour l'avoir
omis, encourroit-il notre cenſure ?

Un vice capital & inhérent à un art,
eſt un levain corrompu qu'il faut enlever
avant de travailler à la perfection de cet
art ; c'eſt une hydre qu'il faut abattre
avant de faire un pas plus loin ; mais ſi
l'erreur a déifié le monſtre & en a fait une
idole, il faut que le tems ſoit venu de
pouvoir utilement attenter contre ſon
culte religieux. Le regne de l'erreur eſt
fixé pour un tems ſur la terre, les ans en
ſont comptés, pour ainſi dire, & ce n'eſt
qu'avec le tems que la raiſon peut le ren-
verſer & le détruire.

Le vice du vocal François, & de notre

Opéra en général, est le récitatif tel que
nous l'avons; espèce de monstre amphi-
bie, moitié chant, moitié déclamation;
mais qui n'étant ni l'un ni l'autre,
les représente tous deux, & empêche
qu'ils ne soient ce qu'ils devroient être,
inde mali labes. Cette réfléxion n'est pas
nouvelle assurément; mais tant que l'abus
qu'elle attaque subsistera, on ne sçauroit
trop la répéter. La vérité est armée de
cloux de diamant, comme le Destin l'est
dans la peinture qu'Horace & Pindare en
ont tracée; & pour qu'elle les imprime
dans des esprits prévenus, il faut des se-
cousses & des efforts redoublés. Qu'on
nous donne un récitatif presque parlé, &
par conséquent rapide en son débit, alors
le Poëte lyrique ne sera plus gêné pour le
nombre ni pour la longueur des scènes, &
nos Poëmes y gagneront; d'autant plus
que les meilleurs Poëtes pourront travailler avec soin pour ce genre. Le Musicien
de son côté, certain qu'il n'a point fait

de

de Musique, tant qu'il n'a fait que du récitatif, cherchera à mesurer, à cadencer, à articuler ses airs suivant un caractère, un *rythme* déterminé & invariable dans chaque morceau. Lorsqu'il travaillera dans cet esprit, dans cette intention, une foule d'idées musicales qu'il ne soupçonnoit pas auparavant, viendront s'offrir à lui : les exécutans, asservis par le caractère de chaque morceau, & par le balancier inaltérable de la mesure, n'auront plus le tems de se complaire dans le développement outré de leurs voix ; les accompagnemens suivront d'eux-mêmes le chant & la cadence que le sujet leur prescrira ; tout sera *un*, facile & agréable dans notre *vocal*, comme tout l'est dans nos belles symphonies.

A quoi tient donc toute cette révolution ? au seul récitatif : c'est l'obstacle qui gêne tous les ressorts de la machine, c'est un brouillard qui nous cache un point de vue lumineux, dans lequel tous les objets

C

heureufement diftribués , contribueroient
au charme de la perfpective. Combien
ne doit-on pas gémir que M. (a) Rameau
n'ait point levé cet obftacle ? Rendu par-
là maître de fon chant & de fes accompagnemens , lancé dans une carrière plus
vafte & plus féconde , où n'eût-il point
porté la mélodie Françoife? Ce n'eft point
là une de ces fuppofitions gratuites , par
lefquelles une admiration de complaifan-
ce fupplée au mérite de ceux qui en ont
peu montré. Ce n'eft point le *Tu Marcel-
lus eris* de Virgile , prononcé fur un en-
fant dont les plus belles qualités n'étoient
encore qu'une efpérance douteufe ; c'eft
la certitude de tout ce qu'un grand hom-

(a) J'efpere donner quelque jour au Public , avec un pe-
tit Ouvrage fur la Mufique , un Monologue noté fur la
déclamation de Mademoifelle Clairon. Cette célèbre Ac-
trice m'a promis de m'aider dans les recherches que je veux
faire d'un récitatif débité , & rapproché de la fimple déclamation. Quelle obligation nos Muficiens ne lui auront-
ils pas , fi elle leur fournit le modele d'un récitatif qui doit
être au récitatif Italien ce que la déclamation Italienne eft
à la nôtre !

me eût pu faire ; certitude fondée fur la connoiffance de tout ce qu'il a fait.

Au refte, M. Rameau, dans le vocal même, a réuffi ; c'eft à nous de le reconnoître, comme nous reconnoiffons fes défauts.

Notre Artifte femble, par l'inftinct du Génie, avoir entrevû ce récitatif véritable, & que nous défirons. L'examen que M. Dalembert a fait de la belle Scène de Dardanus, en fournit la preuve : fi ce n'eft - là qu'une exception, croyons qu'il y en auroit eu mille autres, fi les paroles avoient plus fouvent infpiré le Muficien : mais comment chercher une déclamation vraie, quand ce qui fe déclame ne dit rien au cœur, ni à l'efprit ? Le cri pathétique & déchirant de *Caftor, je fens trembler la Terre, arréte, Dieu vengeur, arréte* ; montre bien que M. Rameau étoit fenfible à l'énergie des paffions, & qu'il fçavoit la rendre, quand la Poëfie lui en fourniffoit l'occafion.

Théfée., aux Enfers, chante plufieurs morceaux d'un récitatif noble & diftingué : les chants funèbres de Télaïre, auprès du tombeau de fon amant ; ceux de Dardanus dans fa Prifon, font touchans & lugubres ; le dernier comporte une harmonie fçavante : plût au Ciel que ces deux Monologues fuffent plus mefurés & plus articulés qu'ils ne le font ; ce font deux récitatifs admirables ; nous voudrions qu'on pût les nommer deux très-beaux airs ... On n'attend pas de moi une énumération fuivie de tout ce qui mérite d'être relevé dans les Opéra de M. Rameau. Il n'eft pas une des parties de détail, qu'embraffe une fi vafte machine, qui n'ait fourni à fon génie une occafion de paroître. Monologues, Airs, Ariettes, Chœurs, & Chœurs de tous les genres, il a fçû tout traiter : inférieur à lui-même dans quelques-unes de ces parties, il y efface tous nos anciens, & s'y montre même très-grand par inftans, par éclairs ; supérieur dans tout le reste ; il ne laisse à ceux qui doivent le suivre, que des sujets de crainte réels & fondés, & le désespoir presque certain de pouvoir l'égaler.

Mais, si le génie de M. Rameau fut unique, & par son genre, & par sa sublimité, le sort qui l'attend sera vraisemblablement unique aussi : dans l'ordre des révolutions, & dans la marche progressive des Arts, un Homme de génie est un véhicule puissant qui les transporte en un moment loin du point où il les a trouvés, dans une direction que ses successeurs ont coutume de continuer après lui. Ici, ce n'est plus cela. L'Art, par les talens de M. Rameau, a fait un pas étonnant ; mais ce n'est ni dans la direction qu'il tenoit, ni dans celle qu'il va prendre. Un ruisseau couloit paisiblement ; c'est la Musique de Lully. Des deux côtés de son rivage, il se forme un bras, & ces bras sont deux Fleuves. L'un devient subitement, & comme par un prodige, profond, vaste & étendu ; c'est la Musique de M. Rameau : on voit l'autre grossi successivement par des eaux étrangeres ; c'est la Musique que nous aurons désormais. Ces Musiques différeront entr'elles, comme nos deux Fleuves sont divergens dans leur cours, & bientôt on ne se souviendra plus du ruisseau qui les a fait naître.

Arrêtons-nous un moment, & contemplons, de sens froid, la révolution qui s'opere dans notre Musique : nous n'en craignons rien pour la gloire de notre Artiste ; elle est indépendante de tous les événemens.

C'est à tort que l'on reproche à nos Opéra-comiques de n'avoir que de petite Musique. S'il s'y en trouve que l'on puisse appeller ainsi, on y entend quelquefois des chants conçus avec grandeur, & traités de même ; mais, c'est & ce fera éternellement l'erreur des perfonnes peu exercées, de juger du chant fur les paroles. Celles-ci, dans les Opéra-comiques, font badines, légeres ; donc la Mufique n'eft pas de grande Mufique; telle eft la conclufion la plus ordinaire. Quelle foule de réflexions à faire cependant, quand on entend applaudir comme de petite Mufique, & fous des paroles de Comédie, des Airs, qui, attribués à la Mufe tragique, ne démentiroient pas fa dignité, & feconderoient fes impreffions douloureufes ! Je m'abftiens d'énoncer ces réflexions ; déduites les unes des autres, la chaîne des conféquences deviendroit trop longue : mais que l'on médite fur celle que j'ai avancée, elle dévoilera bien des vérités métaphyfiques fur l'union du chant & de la parole.

Je fens que je vais exciter contre moi un cri général : mais cette confidération ne fçauroit m'empêcher de rendre publiqaement à ma Patrie un honneur que je lui rends intérieurement. Nos excellens Opéra-comiques me paroissent au-dessus de *la Serva Padrona*. Cette opinion révoltera d'abord ; l'épreuve de vingt années fera connoître si elle est hasardée.

L'empressement que nous avons eu de montrer M. Rameau sur le Théâtre Lyrique , comme réformateur de cette Scène, nous a fait négliger de citer ses pièces de Clavecin : mais n'en point parler , ce seroit laisser trop à désirer dans son Eloge.

Nous n'ignorons pas que l'empire de la mode , souvent bisarre , toujours souverain , exclut aujourd'hui de presque tous les Concerts, les Pièces de Clavecin de M. Rameau. Des Artistes étrangers , que nous honorons , nous ont apporté un nouveau goût & de nouvelles compositions. Nous sommes loin de penser, que pour les accréditer , ils ayent dé-

crié les anciennes ; de tels procédés n'appartiennent qu'à des Hommes médiocres ;
ceux - ci ne le font pas. Il a fuffi qu'ils
exécutaffent de préférence ce qui leur
étoit plus familier , & ce qu'ils aimoient
davantage. Leurs écoliers, leurs écolieres
encore plus , ont fait de leur exemple
une loi , & de leur goût un principe ex-
clufif. Dans les matieres les moins im-
portantes , comme dans celles qui le font
le plus , le fanatifme des opinions nouvelles vient plus de ceux qui les adoptent ,
que de ceux qui les établiffent : le fanatifme de ceux-ci eft joué communément ;
ils font trop éclairés pour être féduits ;
leurs difciples , avec moins de lumieres ,
ont plus de foibleffe , & le fanatifme naît
de la foibleffe jointe à l'ignorance.

S'il s'agiffoit ici de récriminer , &
d'attaquer ces Pièces de Clavecin que
l'on préfere à tout , quoiqu'il y en ait que
nous aimions beaucoup , nous pourrions
découvrir les côtés foibles de ce genre

nouvellement introduit ; mais ce feroit presque donner à cet Ecrit le ton de la fatyre , & il y feroit aussi étranger qu'il nous l'est à nous mêmes ; nous n'imiterons point l'usage barbare de ceux qui, pour honorer un grand Homme, immoloient des victimes humaines fur fa tombe. Nous voudrions conduire vers celle de M. Rameau, les gens prévenus, aveugles & opiniâtres ; s'ils réfistent, leur parti fera le plus foible , *& pour un efclave de moins , un triomphe fi beau perdra peu de fa gloire.*

Pour nous, oppofant le témoignage des Artistes éclairés à celui des Difciples prévenus, nous dirons, avec la hardiesse que la vérité infpire , que les *Cyclopes* , les *Tourbillons* , les *Tricotets* & plusieurs autres Pièces de M. Rameau , ont le double mérite d'être des morceaux de Chant, & des Pièces d'exécution; mérites que peu de compositions réuniffent. Nous dirons que le Chant de la

Livri doit être éternellement senti des oreilles musiciennes. Entre cette décision, & celle de nos détracteurs, la Postérité prononcera.

Après tout ce que nous avons dit des talens de notre Artiste, il n'est personne, sans doute, qui ne se croye à la fin de son Eloge. Mais comme dans un haut Edifice, divers ordres d'Architecture se succèdent, & forment de nouveaux Edifices établis sur le premier, de même deux ordres de talens se découvrent dans M. Rameau ; deux Hommes se montrent en lui ; l'un Musicien fécond & Homme de génie ; l'autre Artiste Philosophe, & Homme de génie encore : c'est sous ce nouvel aspect que nous allons l'envisager.

Un nouveau sujet se présente à traiter : combien tout ce que je dois dire differe de ce que j'ai dit ! Est-ce donc du même Homme que je parle encore ? Il n'y a qu'un instant qu'il flattoit les

sens, & remuoit les cœurs. Tout chan-
ge. Occupé de vérités abstraites, il traite
avec des Géomètres, & une Académie
de Savans est le Tribunal qui le juge:
Avoit on vû, jusqu'alors, réunis dans
la même personne, l'aveugle & fougueux
instinct du génie qui enfante, & la saga-
cité tranquille du génie qui discute &
approfondit ? Si l'Histoire des Arts en
fournit quelques exemples, ils sont rares,
& moins frappans, peut-être, que celui
de M. Rameau.

La théorie de la Musique étoit ce qu'est
tout Art, toute Science, dont une Phi-
losophie lumineuse n'a pas distingué les
principes, & raisonné les conséquen-
ces ; elle étoit ce qu'est la Langue des
Peuples qui n'ont encore ni Syntaxe ni
Grammaire : on chargeoit la mémoire
de l'Etudiant d'une foule d'accords, & la
seule règle qu'on lui donnât pour les em-
ployer, étoit que la seconde note du ton
comportoit tels ou tels de ces accords, la

quatrième, tels ou tels autres ; ainfi de toutes les notes de la Gamme : c'eft-là ce qu'on appelle *la règle de l'Octave* ; méthode compliquée qui fatigue la mémoire, n'offre rien de net à l'efprit ; enfin, qui a dégoûté plufieurs perfonnes de l'étude de la compofition.

Monfieur Rameau apportant la lumiere dans ces ténèbres, & l'ordre dans ce cahos, ne vit dans toute la Mufique que deux accords, l'un *confonant*, l'autre *diffonant*, parce que décompofant tous ceux que l'ufage introduit dans la Mufique, il vit qu'ils pouvoient fe réduire à deux feuls accords ; l'un nommé *accord parfait*, l'autre *feptième*. La fimplicité & l'importance de cette découverte doivent, fi je ne me fais illufion, frapper ceux mêmes à qui l'Art eft étranger. Toute la Mufique poffible, fuivant le fyftême de M. Rameau, fe rapporte, & appartient à trois notes nommées *fondamentales*, comme étant le fondement

de tout Chant & de toute Harmonie.
Ces notes ont leurs accords indiqués &
invariables : l'ordre fucceffif de ces notes
fondamentales, eft de même prefcrit &
immuable : voilà le fyftême de la baffe
fondamentale , tel qu'on peut l'offrir ici
pour ceux qui ne font pas Muficiens, afin
de ne point les égarer dans des défini-
tions plus étendues, & de ne point leur
parler une Langue étrangere. L'honneur
de cette belle découverte appartient tout
entier à M. Rameau ; perfonne, avant lui,
ne l'avoit même entrevue, ce qui fait
fuffifamment l'éloge de fon inventeur.

Il s'attacha bien plus à cette produc-
tion de fon génie, lorfqu'il en trouva
la preuve dans le phénomène fameux
des réfonnances du corps fonore. Ce
phénomène étoit connu avant M. Rameau , mais il l'obferva plus foigneufe-
ment ; & y appliquant fes principes, il en
fit la bafe de fon fyftême.

Tout corps fonnant, lorfqu'il eft ébran-

lé, fait entendre fa tierce & fa quinte
dans des octaves plus élevées. (*a*) Voilà
donc l'*accord parfait* exiftant de toute
éternité dans la nature, inféparable du
fon, & que la nature nous indique par la
réfonnance même des corps, à peu près
comme les Dieux rendoient autrefois
leurs oracles, par des organes inanimés.
Cette comparaifon eft d'autant plus jufte,
que cette révélation-ci laiffe, comme les
oracles, beaucoup à fous-entendre & à
deviner : c'eft ce que ne crut pas affez,
peut-être, l'illuftre Artifte que nous cé-
lébrons. Pardonnons-lui ; l'infpiration
du génie l'avoit rendu familier avec les
fecrets de la Nature, il ne crut pas qu'elle
pût en avoir de cachés pour lui.

La Quinte, au-deffus du ton principal, eft la réfonnance la plus fenfible ;
la Tierce, après ; enfin la Quinte au-deffous du ton principal, frémit auffi, mais

_____

(*a*) On s'exprime ici de la façon que l'on croit devoir être la plus intelligible à tout le monde.

fourdement & obſcurément. Ces inter-
valles donnés par la Nature, ſont ceux
que M. Rameau nous indique pour la
baſſe fondamentale ; ainſi les notes
qui la conſtituent procédent de Quinte
en montant, de Quinte en deſcendant,
& de Tierce : rien de ſi ſage, de ſi juſte :
cette théorie eſt parfaitement juſtifiée par
la pratique ; car l'harmonie qu'elle produit eſt des plus naturelles & des plus
agréables.

Le ſyſtême de la baſſe fondamentale,
ainſi raiſonné, ſeroit une vérité démon-
trée, & un ſecret de la Nature totale-
ment approfondi, ſi, dans la pratique,
la règle n'étoit très-ſouvent en défaut,
& l'exception preſque auſſi fréquente que
le principe. En louant mon Maître,
j'oſerai m'attribuer encore une fois le
droit de mettre des modifications aux
Eloges que je me plais à lui donner.
Que dis-je ? Eſt-ce en rabattre que de
montrer la pratique de l'Art étendue au-
delà

delà de ces principes simples, qu'il établit pour nous instruire & pour nous éclairer ? La Nature ne permet guères que l'on pénètre jusqu'à ces vérités du premier ordre, qui deviendroient pour nous la clef de toutes ses opérations ; nous les expliquons en détail ; mais le ressort unique qui les produit, ou se cache à nos foibles regards, ou n'existe pas peut-être. Tout est soumis à la lumiere de l'expérience : qu'on en fasse une nouvelle, & avec succès, c'en est assez quelquefois pour ébranler tout un système. Une heureuse hardiesse, tentée par l'Artiste qui crée au hasard, devient une nouvelle clarté pour le *Théoricien* (a) qui raisonne. Ne pourroit-on pas dire des Arts de génie, que ce sont des régions de ténèbres, où les aveugles conduisent ceux qui voyent clair ?

Le phénomène des résonnances occu-

(a) Cette expression m'a paru nécessaire en cet endroit.

pa presque uniquement M. Rameau
toutes les dernieres années de sa vie ;
il en fit la base & le fonds de tous ses
Ouvrages de Théorie : ces derniers nés
de ses enfans , fruits tardifs de sa vieil-
lesse , attiroient toute sa complaisance
paternelle. On lui a entendu dire qu'il
regrettoit le tems qu'il avoit donné à là
composition , puisqu'il étoit perdu pour
la recherche des principes de son Art.

On n'attend pas de nous, sans doute,
l'analyse des Ouvrages de Théorie de M.
Rameau. Le fonds en est trop aride &
trop hérissé de calculs, pour tenir une
place dans cet Eloge : nous en donne-
rons à la fin un Catalogue complet, ainsi
que de toutes ses compositions de Musique, qu'il eût été trop long de nommer
l'une après l'autre.

Considérons seulement avec admiration & surprise , notre Artiste descendu
dans la lice avec les premiers Géometres
de l'Europe, les *Dalembert* , les *Euler*.

Il combattit avec audace, presque avec fureur, de si grands adversaires ; & dans l'emportement de la dispute, l'amour de ses opinions put l'emporter trop loin contre eux. L'un d'eux cependant, confident de cet Ecrit, me fournit des traits pour louer M. Rameau, & donne sans hésiter le nom de *Grand* à l'Artiste Philosophe qui le crut son ennemi.

Si nous ne disions rien du personnel de M. Rameau, nous ne croirions pas avoir satisfait à la curiosité publique, surtout à celle des générations qui doivent suivre la nôtre, si je suis assez heureux pour que cet Ecrit leur parvienne. Les détails, peu intéressans pour nos contemporains, peuvent le devenir pour leurs descendans. Tout attache dans un grand Homme, & on se plaît à voir retracé, jusqu'à l'image de ses traits & de sa stature.

Celle de M. Rameau étoit extrêmement haute : maigre & décharné, il avoit plus l'air d'un Fantôme que d'un

Homme. L'ignorance abfolue où l'on eft de tous les événemens de fa vie, pendant près de 50 ans, fait voir qu'il s'ouvroit peu, qu'il parloit peu de lui-même, foit avec fes amis, foit au fein de fa famille. Cette circonftance eft très-remarquable dans un Homme fort cé-lèbre, elle montre une forte d'indifférence pour foi-même, dont l'exemple eft rare parmi les Hommes que la Nature a diftingués. M. Rameau fe promenoit la plus grande partie du jour, feul, ne voyant & ne cherchant perfonne : j'avois crû long-tems, à le voir ainfi, qu'il étoit plongé dans des méditations fçavantes ; mais il m'affura un jour qu'il ne penfoit à quoi que ce foit, que je lui ferois tou-jours plaifir en l'abordant, & en le re-tirant de cette rêverie vuide & oifive : j'ufai depuis de cette permiffion qu'il me donnoit ; mais jamais je ne l'ai abordé, qu'au premier inftant il n'ait eu l'air de revenir d'une extafe profonde ; plufieurs

fois il a fallu me nommer à lui pour qu'il
me reconnût, quoique nous eussions cau-
sé ensemble peu de jours auparavant.

Il aimoit la gloire, sans doute ; puisqu'il en a tant acquis ; (cette conclusion
ne nous paroît pas hasardée) mais je suis
persuadé qu'il s'occupoit peu de la sienne,
elle paroissoit même quelquefois l'impor-
tuner : on l'a vû au Spectacle se cacher,
se dérober aux regards du Public qui le
montroit avec applaudissement : ce n'étoit
point pour se parer d'une fausse modestie ;
il étoit incapable d'une adresse semblable,
& tout art lui étoit étranger.

L'an passé, après la premiere repré-
sentation de *Castor* à Fontainebleau , je
l'apperçus le soir qui se promenoit dans
une Salle écartée , & éclairée très-foi-
blement ; comme je courus à lui pour
l'embrasser , il se mit à fuir brusquement ,
& ne revint qu'après avoir entendu mon
nom : alors justifiant la bisarrerie de l'ac-
cueil qu'il m'avoit fait, il me dit, *qu'il*

fuyoit les complimens , parce qu'ils l'em-
barraſſoient , & qu'il ne ſçavoit qu'y ré-
pondre. Dans ce même voyage de Fontainebleau, il me dit encore, au ſujet de
quelques nouveautés qu'on avoit voulu
lui faire ajoûter à ſon Opéra ; *Mon ami,*
j'ai plus de goût qu'autrefois , mais je n'ai
plus de génie du tout.

Son goût n'étoit point excluſif , il le
déclare lui-même dans la Préface de ſon
Code de Muſique. Il y condamne le goût
national qui ne tend qu'à rétrécir l'art :
la Muſique, en effet, eſt la Langue du
monde entier ; les différens climats ne
font au plus qu'en changer les dialectes.

Monſieur Rameau n'étoit envieux de
perſonne, & ſon ame franche & ſau-
vage , incapable de ſe refuſer à l'impreſ-
ſion du beau, quelque part qu'il le trou-
vât , auroit rendu juſtice, même aux
Ouvrages des Auteurs qu'il n'aimoit pas ;
mais dans ce cas, à ſa façon de louer,
on auroit aiſément ſenti la diſtinction

qu'il faifoit de l'Ouvrage à la perfonne. Je l'ai vû m'aborder en fe récriant fur le mérite d'une Mufique que nous venions d'entendre : j'ofai lui dire que mon avis différoit entiérement du fien. « Vous » m'étonnez, me dit-il, j'avois trouvé » cela très-beau ». Je fus furpris de ce jugement de la part d'un Homme qui devoit être fi fûr du fien. Le Public a depuis ce tems prononcé comme moi , & contre lui.

Notre Artifte n'étoit point courtifan, & il ne pouvoit l'être, fe fuffifant à lui-même, ne vivant qu'avec fon génie, & négligeant jufqu'à la fociété des Hommes : la fage & tranquille indépendance dont il jouiffoit , n'étoit point le fruit de fes réflexions : c'étoit la fuite de fon caractere : il étoit né Philofophe, comme le chêne naît robufte.

S'il voyoit les Grands, c'eft lorfqu'ils avoient befoin de lui, & alors il étoit avec eux comme avec le commun des

Hommes ; il songeoit à sa besogne & ne
les appercevoit pas. Il faisoit un jour répéter un Opéra qui devoit être joué à la
Cour : le *Maître de Ballet* depuis long-
tems lui remontroit inutilement qu'il
trouvoit deux Menuets trop longs, le
Musicien avoit l'air de ne pas l'écouter.
Le Danseur crut avoir trouvé un moyen
sûr d'accréditer son avis & sa censure,
en les faisant passer sous le nom d'une
personne de la plus grande considéra-
tion. « M. Rameau ! dit-il , cette Per-
» sonne trouvera vos Menuets trop
» longs. » Monsieur ! repartit M. Ra-
» meau, si on ne lui dit pas de les trou-
» ver longs, elle les trouvera courts ».

Tel fut l'Artiste célèbre à qui nous con-
sacrons cet Eloge : il est mort le 23 Août
de cette année 1764 : marié en 1726 à
Marie-Louise Mangot , qui lui survit ;
il laisse de ce mariage trois enfans; savoir,
Claude Rameau son fils , Ecuyer-Valet-
de-Chambre du Roi ; une fille Religieu-

fe, & une autre élevée auprès de fa mere.

Le zèle de tous les Muficiens de la France éclate à l'envi, & honore la mémoire de M. Rameau par différens Services folemnels qu'ils font célébrer. Nous en avons déja vû deux ; au moment où j'écris, il s'en prépare d'autres : parmi tant d'honneurs mérités, puiffe celui que je lui rends ici, ne pas fembler trop au-deffous de lui.

OUVRAGES DE MUSIQUE,

Par M. Rameau.

Un premier & un second Livre de Pièces de Clavecin, donnés en 1731.

Hippolite & Aricie, Tragédie, en 1733.

Les Indes Galantes, en 1735, Ballet.

Castor & Pollux, Tragédie, en 1737.

Les Fêtes d'Hébé, ou les Talens Lyriques, Ballet, en 1739.

Un Livre de Pièces de Clavevin en concerto, en 1740 ou 1742 : on n'est pas sûr de la date.

Dardanus, Tragédie, en 1743.

Les Fêtes de Polimnie, Ballet, en 1745.

Le Temple de la Gloire, Ballet, en 1745.

Les Fêtes de l'Hymen & l'Amour, Ballet, en 1748.

Zaïs, Ballet, en 1748.

Pigmalion, acte de Ballet, en 1748.

Platée, Comédie-Ballet, en 1749.

Naïs, Ballet, en 1749.

Zoroastre, Tragédie, en 1749.

La Guirlande, acte de Ballet, en 1751.

Acante & Céphise, Pastorale, en 1751.

Les Surprises de l'Amour, Ballet, en 1757.

Les Sibarites, acte de Ballet, en 1759.

Les Paladins, Comédie - Ballet, en 1760. *

OUVRAGES DE THEORIE.

En 1726.

Nouveau systême de Musique théorique, où l'on découvre le principe de toutes les régles nécessaires à la pratique ; pour servir d'introduction au Traité de l'Harmonie.

En 1731.

Dissertation sur les différentes méthodes d'accompagnement pour le Clavecin ou l'Orgue, avec-le plan d'une nouvelle Méthode sur le même sujet.

En 1737.

Génération Harmonique, ou Traité de Musique théorique & pratique.

En 1750.

Démonstration du principe de l'Harmonie, *servant de base à tout l'art Musi-cal théorique & pratique* , approuvée par Messieurs de l'Académie Royale des Sciences, & dédiée à Monseigneur le Comte d'Argenson, Ministre & Secrétaire d'Etat.

En 1752.

Nouvelles réflexions de M. Rameau, sur sa démonstration du principe de l'Harmonie, *servant de base à tout l'art Musical théorique & pratique.*

En 1753.

Extrait d'une Réponse de M. Rameau à M. Euler , sur l'identité des Octaves , *d'où résultent des vérités d'autant plus cu-rieuses*, qu'elles n'ont pas encore été soupçonnées.

En 1754.

Observation sur notre instinct pour la

Mufique, & fur fon principe, où les
moyens de reconnoître l'un par l'autre, con-
duifent à pouvoir fe rendre raifon avec certitude des différens effets de cet art.

En 1755.

Erreurs fur la Mufique dans l'Encyclo-
pédie. Suite *idem.*

En 1760.

Code de Mufique pratique ou Méthodes pour apprendre la Mufique, même à des aveugles, pour former la voix
& l'oreille, pour la pofition de la main
avec une méchanique des doigts fur le
Clavecin & l'Orgue, pour l'accompagnement fur les inftrumens qui en font fuf-
ceptibles, & pour le prélude ; avec de
nouvelles réflexions fur le principe fonore.

En 1761.

Origine des Sciences, *suivie d'une Con-troverse sur le même sujet.*

Le Traité de l'Harmonie, on ne sçait à quelle date le rapporter.

F I N.

APPROBATION.

J'Ai lû, par ordre de Monseigneur le Chancelier, un Manuscrit intitulé : *Eloge de M. Rameau, par M. Chabanon*, & je n'y ai rien trouvé qui doive en empêcher l'impression. A Paris, ce 28 Octobre 1764;

B A R T H E L E M Y.

www.ingramcontent.com/pod-product-compliance
Lightning Source LLC
LaVergne TN
LVHW022134080426
835511LV00007B/1133